BEI GRIN MACHT SICH IHR WISSEN BEZAHLT

AF139986

- Wir veröffentlichen Ihre Hausarbeit, Bachelor- und Masterarbeit

- Ihr eigenes eBook und Buch - weltweit in allen wichtigen Shops

- Verdienen Sie an jedem Verkauf

Jetzt bei www.GRIN.com hochladen und kostenlos publizieren

GRIN

Bibliografische Information der Deutschen Nationalbibliothek:

Die Deutsche Bibliothek verzeichnet diese Publikation in der Deutschen National-bibliografie; detaillierte bibliografische Daten sind im Internet über http://dnb.d-nb.de/ abrufbar.

Impressum:

Copyright © 2016 GRIN Verlag
Druck und Bindung: Books on Demand GmbH, Norderstedt Germany
ISBN: 9783668510081

Dieses Buch bei GRIN:

https://www.grin.com/document/372080

Ramona Scharnagl

Aus der Reihe: e-fellows.net stipendiaten-wissen

e-fellows.net (Hrsg.)

Band 2526

Der Kassenschlager "Gladiator" im Spiegel der lateinischen Literatur

Leben für den Kampf, Leben für den Sieg, Leben für die Unterhaltung des Volkes

GRIN Verlag

GRIN - Your knowledge has value

Der GRIN Verlag publiziert seit 1998 wissenschaftliche Arbeiten von Studenten, Hochschullehrern und anderen Akademikern als eBook und gedrucktes Buch. Die Verlagswebsite www.grin.com ist die ideale Plattform zur Veröffentlichung von Hausarbeiten, Abschlussarbeiten, wissenschaftlichen Aufsätzen, Dissertationen und Fachbüchern.

Besuchen Sie uns im Internet:

http://www.grin.com/

http://www.facebook.com/grincom

http://www.twitter.com/grin_com

Stiftland – Gymnasium
Stiftlandring 1
95643 Tirschenreuth

Schuljahr 2015/ 16

Seminararbeit

W-Seminar Latein:
„Antike goes Hollywood- die filmische Rezeption der Antike"

Leben für den Kampf – Leben für den Sieg – Leben für die Unterhaltung des Volkes – der Kassenschlager <<Gladiator>> im Spiegel der lateinischen Literatur

von
Ramona Scharnagl

Abgabetermin: 10. November 2015

Inhaltsverzeichnis

1. <<Gladiator>> als Paradebeispiel für einen erfolgreichen Monumentalfilm

Eine Sache, die alle Menschen schon immer gerne getan haben, ist es, ihre Vergangenheit zu erforschen. Dafür gibt es viele Mittel und Wege, wie zum Beispiel Ausgrabungen, Bücher oder Fachzeitschriften. Eine weitere Möglichkeit hierfür bietet das Fernsehen mit seinen Filmen über längst vergangene Tage, in denen oft die Steinzeit, das Mittelalter oder die Antike behandelt werden.

Letztere erfreut sich beim Publikum immer größerer Begeisterung, was das Zeitalter vor allem einem der großen Monumentalfilme des zwanzigsten Jahrhunderts zu verdanken hat: Gladiator. Dieser Filmepos des Star-Regisseurs Ridley Scott erscheint im Jahre 2000 auf den Kinoleinwänden und lässt die Ära der Gladiatoren und römischen Feldherren in neuem Glanz erstrahlen. Mit einem Budget von rund 100 Millionen Dollar spielt er insgesamt knapp das Fünffache davon ein und erhält bei der Oscarverleihung im Jahr 2001 fünf der zwölf zu vergebenden Trophäen, unter anderem in den Kategorien Kostüme, beste Regie und bester Hauptdarsteller.[1] Der Film entsteht zu einer Zeit, als viele Fortschritte in der Aufnahmetechnik und Weiterverarbeitung erstmals ein so bildgewaltiges Epos möglich machen.

Somit lässt dieser Film die Begeisterung für die Antike erneut aufleben, wodurch, angestoßen durch sein Vorbild, in den nächsten Jahren viele Neuinszenierungen oder komplett neue Filme in diesem Genre auf den Markt kommen.

Abbildung 1: Filmplakat Gladiator

Ob alles, was in diesen Filmen dargestellt oder wiedergegeben wird genau den damaligen historischen Ereignissen entspricht, ist oftmals zweifelhaft. Es steht außer Frage, dass sich die meisten dieser Filme um eine detailgetreue Widerspiegelung der Tatsachen bemühen, manchmal ist jedoch eine Veränderung zugunsten der Dramaturgie oder eines fesselnderen Handlungsverlaufes unumgänglich.

---

1 vgl. RFF-Bot (24.08.2015): Gladiator (Film). https://de.wikipedia.org/wiki/Gladiator_%28Film%29 (Stand: 08.09.2015)

Dies ist auch das Thema, mit dem sich die nachfolgende Arbeit befassen wird. Der Wahrheitsgehalt des oben beschrieben Monumentalfilms soll auf den nächsten Seiten beleuchtet und durch Vergleiche mit lateinischer Literatur belegt oder auch widerlegt werden. Dazu wird anfänglich der Film zusammengefasst, eine Szene im Detail analysiert und danach mit belegten und historisch überlieferten Tatsachen verglichen.

2. Filmbezogene Analyse

2.1 Inhaltszusammenfassung des Films „Gladiator"

Der Film spielt im Jahre 180 n. Chr. im römischen Reich und gibt die Ereignisse um den Tribun Maximus Decimus Meridius wieder. Dieser wird im Laufe seiner Geschichte vom gefeierten Kriegshelden zum Verfolgten, dann zum Sklaven, von dort zum Gladiator und später sogar zum politischen Revolutionär. In den Hauptrollen zu sehen sind unter anderem Russell Crowe als Protagonist Maximus, sowie Joaquin Phoenix als sein grausamer Antagonist, Kaiser Commodus, alles vereint durch den erfolgreichen Regisseur Ridley Scott.

Die Handlung des Epos setzt im Winter 180 n. Chr. ein, als die Römer kurz davor sind, nach zwölf Jahren des Krieges unter Kaiser Marcus Aurelius die Germanen in einer letzten blutigen Schlacht endgültig zu besiegen. Der Kampf kann nur durch die List und die gekonnte Kriegsführung des Tribun Maximus Decimus Meridius gewonnen werden.

Kaiser Marc Aurel, der bereits ein hohes Alter erreicht hat, sieht den Krieg zwar als Fehlschlag an, macht aber an seinem Ende auch seine letzte Amtshandlung als Kaiser Roms fest. Er erwählt sich deshalb einen in seinen Augen würdigen Nachfolger. Dieser soll dem Senat in Rom seine alte Macht zurück geben und Rom wieder zu einer richtigen Republik aufbauen soll. Sein Ansinnen, den von ihm hoch geschätzten Maximus zu seinem Sukzessor zu machen, stößt bei jenem jedoch zuerst auf Ablehnung. Trotz der großen Verpflichtung, die der Feldherr seiner Familie gegenüber empfindet, beschließt er nach einiger Bedenkzeit in das Angebot des Caesars einzuwilligen. In der Zwischenzeit treffen die ins Feldlager bestellten Kinder des Marcus Aurelius ein, sein Sohn Commodus und seine Tochter Lucilla. Als am Abend Commodus in das Zelt des Imperators gerufen wird um ihm die Entscheidung über die

Nachfolge seines Vaters zu verkünden, gerät dieser wegen der Wahl für Maximus sehr in Rage. Enttäuscht, von seinem eigenen Vater übergangen worden zu sein, erdrosselt er diesen in seiner Umarmung. Danach bettet er ihn tot auf seine Lagerstätte und steigt selbst zum Kaiser auf.

Der Illusion eines natürlichen Todes keinen Glauben schenkend, verweigert Tribun Maximus dem nun neuen Kaiser Commodus seinen Treueschwur. Daraufhin wird er von dessen Truppen verhaftet und in den Wald verschleppt. Die geplante Exekution des Feldherren schlägt jedoch fehl und Maximus gelingt es, schwer verletzt in Richtung Heimat zu flüchten. Dort findet er jedoch nur die gekreuzigten und verkohlten Leichname seiner Frau und seines Sohnes vor, die Commodus in der Zwischenzeit hat töten lassen. Schwer getroffen vom Verlust seiner geliebten Familie und geschwächt vom Blutverlust bricht der Tribun nach deren Bestattung an ihren Gräbern bewusstlos zusammen.

Nach Wiedererlangen des Bewusstseins findet er sich, von Sklavenhändlern aufgegriffen und verschleppt, auf dem Weg in die äußere römische Provinz Mauretania Caesariensis wieder, wo er an Proximo, den Betreiber einer Gladiatorenschule, verkauft wird. Dort wird der ehemalige Tribun nun zum Gladiator ausgebildet. Unter dem Decknamen <<Spanier>> steigt Maximus in den Arenenkämpfen zu so großem Ruhm auf, dass er als Kämpfer zu den Spielen, die Commodus zu Ehren des toten Marc Aurel und zur Beschwichtigung des Volkes veranstaltet, in die Hauptstadt Rom beordert wird.

Dort trägt er verschiedene Wettstreite erfolgreich aus, sodass er beim römischen Volk zu hohem Ansehen aufsteigt. Er widersetzt sich jedoch in der Arena auf subtile Weise immer wieder den Befehlen des Jungkaisers. Commodus ist darüber sehr erzürnt, vor allem als der <<Spanier>> seine wahre Persönlichkeit offenbart: die des totgeglaubten Tribuns Maximus Decimus Meridius. So erlangt er bei der Bevölkerung alsbald die Bedeutung des Widersachers ihres Herrschers; er wird Symbol für den Widerstand und die Freiheit.

Durch das Schließen einer Allianz mit Lucilla; der Schwester des Kaisers und Maximus ehemaliger Geliebten, und dem revolutionären Senator Gracchus, schmiedet man Pläne für die Flucht des Maximus und zur Stürzung des unrechtmäßigen Kaisers. Nachdem Gracchus jedoch vor dem

Abbildung 2: Lucilla und Commodus

Fluchtversuch durch Commodus Männer verhaftet wird, versucht Lucilla, Maximus noch in der selben Nacht zur Flucht zu verhelfen. Diese wird jedoch ebenso vereitelt, da Commodus sämtliche Pläne von Lucilla erpresst, indem er ihren Sohn Lucius, den rechtmäßigen Thronerben, bedroht. Maximus wird vor der Stadtmauer aufgegriffen und erneut festgenommen.

Ein allerletzter Kampf in der Arena soll nun vor allem dem Volk demonstrieren, dass es niemand wagen kann, sich gegen den neuen Kaiser zu stellen. Zu diesem Zweck tritt Commodus selbst dem Gladiator in der Arena entgegen, jedoch nicht ohne ihn vorher mit einem Pfeil schwer an der Brust zu verletzen. Mit dieser Verletzung, die unter der Rüstung nicht ersichtlich ist, sowie vom Blutverlust geschwächt, muss Maximus gegen Commodus antreten, umstellt von den Männer unter dem Befehl seines Widersachers. Trotz dieses Nachteils gelingt es ihm, seinen Gegner zu entwaffnen, woraufhin der Kaiser von den Umstehenden ein neues Schwert verlangt. Jedoch verweigern sogar die engsten Untergebenen ihm diese Bitte. Daraufhin einen Dolch aus seinem Harnisch ziehend, greift Commodus erneut an. Diesmal gelingt es Maximus, ihm die Waffe abzunehmen und ihn zu erdolchen. Commodus stirbt unter den Augen des Volkes.

Selbst durch die vorherige Brustverletzung und durch weitere Kampfverletzungen stark geschwächt, bricht nun auch Maximus zusammen. Sterbend äußert er die letzten Wünsche Mark Aurels; sein Sehnen nach einer vom Volk regierten Republik.

Die letzte Einstellung zeigt, wie der glorreiche Tribun aus der Arena getragen wird und im Geiste zu seiner Familie heimkehrt.

2.2 Beleuchtung der im Film dargestellten historischen Hintergründe

2.2.1 Die Person des Feldherren Maximus

Der Protagonist des Films trägt den Namen Maximus Decimus Meridius. Zu Beginn wird der Feldherr bereits auf dem Schlachtfeld in den germanischen Gebieten dargestellt, von seinem Leben vor der Armee erfährt man verhältnismäßig wenig. Lediglich, dass der Tribun zuvor als ein einfacher Bauer mit seiner Frau und einen gemeinsamen Sohn auf einem idyllischen Gut in den Bergen gelebt hat, wird beiläufig erwähnt. Aus Gesprächen und aus seinem Verhalten geht jedoch immer wieder hervor, dass der Feldherr trotz der Distanz zwischen ihm und seinen Geliebten ein sehr familiärer Mensch ist, der nach dem Ende des Krieges gerne nach Hause zurückkehren möchte.

Bei seinen Gefolgsleuten steht Maximus in sehr hohem Ansehen. Durch welche Kriegstaten in der Vergangenheit er dies verdient hat, wird nicht ersichtlich. Seine überlegene Kriegsführung stellt er im Kampf gegen die Germanen unter Beweis, indem er eine List anwendet. Dies zeugt von großer Intelligenz und begründet auch die Achtung und Ehrfurcht, die ihm seine Soldaten entgegenbringen.

Abbildung 3: Tribun Maximus Decimus Meridius

Auch bei Kaiser Mark Aurel genießt Maximus ein sehr hohe Stellung, der Imperator stellt eine Vaterfigur für den Feldherren dar. Sein Respekt vor dem Tribun ist so groß, dass er für ihn seinen leiblichen Sohn in der Thronfolge übergeht und Maximus zu seinem Nachfolger ernennt. Hierbei wird eine große Verpflichtung deutlich, die der Feldherr gegenüber seinem Reich und Imperator empfindet, denn trotz der Sehnsucht nach seiner Familie und dem Zweifel an der Politik willigt er ein, als sein Erbe einzutreten.

Als äußerst gläubiger Mann betet er hierbei um die Unterstützung der Götter.

Sein weiteres Los, die Entführung, der Verkauf als Sklave, und die Gladiatorenausbildung haben alle ein grundlegendes Ereignis als Ursache, nämlich die Verweigerung des Treueschwurs an Commodus. Dies würde gegen alle Werte verstoßen, die dem Feldherren wichtig sind: Loyalität, Patriotismus und Aufrichtigkeit.

Abbildung 4: Tod des Maximus

Auch im weiteren Verlauf seines Schicksals werden diese Werte immer wieder deutlich. Als Andenken an seine Familie trägt er stets zwei kleine geschnitzte Holzfiguren mit sich und in der Gladiatorenschule tötet er erst, als sein eigenes Leben davon abhängt. Selbst als er nach Rom kommt, kämpft er weiter für seine Haltung und riskiert durch das Widersetzen gegen den Kaiser immer wieder das eigene Leben.

Dieses gibt er am Ende dennoch für die Erreichung seiner Ziele. Im Kampf opfert er zuletzt sich selbst, um die Wünsche Mark Aurels durchzusetzen, seine Familie zu rächen und um Rom vor der Herrschaft des selbsternannten Kaisers Commodus zu beschützen.

Zusammenfassend zeigt sich Maximus Decimus Meridius als äußerst starker Charakter, sowohl körperlich als auch geistig. Selbst in den dunkelsten Zeiten seines Lebens ist ein Aufgeben keine Option für den liebenden Vater, Ehemann und dem Land ergebenen Tribun. Das wiederholte Einstehen für alles, was ihm wichtig ist, macht ihn zum Sinnbild für das Gute im Menschen und zu einem Symbol für den Widerstand gegen Ungerechtigkeit und Unterdrückung.

2.2.2 Der Krieg der Römer gegen die Germanen

Da der Film erst zur letzten Schlacht der römischen Truppen gegen die germanischen Stämme einsetzt, werden nicht viele Informationen über den vorherigen Verlauf des Krieges bekannt.

Aus der in der ersten Filmsequenz dargestellten Schlacht geht hervor, dass die Germanen den Römern im allgemeinen unterlegene Gegner sind, vor allem was das Kriegsgerät angeht. Während die germanischen

Abbildung 5: Angriff der Germanen

Stämme nur mit Fußsoldaten angreifen, befehligen die Römer auch berittene Krieger, was ihnen einen großen Vorteil verschafft. Auch was die Waffen betrifft, sind die Truppen des Imperiums weit besser ausgerüstet als die Germanier. Nicht nur ihre Schwerter, sondern auch Katapulte, die mit brennender Munition beladen werden, und Bogenschützen, die mit ihren Feuerpfeilen auch die weiter abseits gelegenen Truppen treffen können, machen die Römer zu der überlegenen Partei in der Schlacht. Zudem ist die römische Kriegsführung weit ausgeklügelter als die der Germanen. Aus dieser einen Schlacht lassen sich jedoch keine sicheren Rückschlüsse auf die vorangegangen Konfrontationen zwischen den beiden kontrahierenden Seiten ziehen.

Dennoch werden einige Erkenntnisse über den Germanenkrieg ersichtlich.

Zum einem findet der gesamte Krieg unter der Herrschaft des Kaisers Marc Aurel statt, der am Ende sein Amt niederlegt. Der Krieg wird vom Imperator zwar als abgeschlossen, aber dennoch nicht als erfolgreich angesehen. Laut eigener Aussage habe er den germanischen Stämmen nur das Schwert gebracht, anstatt sie in Frieden an sein Reich anzuschließen. Zum anderen wird die Dauer der Kämpfe auf eine Zeitspanne von zwölf Jahren beschränkt. Weiterhin geht aus Dialogen hervor, dass nach der letzten dargestellten Schlacht nun ganz Germanien von den Römern erobert worden ist.

2.2.3 Ermordung des Kaisers Marcus Aurelius durch seinen Sohn Commodus und dessen anschließende Machtergreifung

Als Kaiser Marc Aurel das Ende des Germanenkriegs und somit auch das Ende seiner Amtszeit bekannt gibt, ist er zwar bereits ein greiser alter Mann, jedoch im Geiste nicht gebrochen. Seine Entscheidung, anstatt seines leiblichen Sohnes Commodus seinen Tribun und fast schon Ziehsohn Maximus als Thronfolger einzusetzen, zeugt von Weisheit und Weitsicht. Wie im Laufe der Geschichte nämlich deutlich wird, ist Commodus in keinster Weise dazu eignet, ein Imperium zu führen.

Trotz der Ablehnung seines Sohnes als Thronfolger empfindet der Imperator väterliche Liebe für ihn und gibt sich zudem selbst die Schuld an den Mängeln seines Stammhalters. Trotzdem beschreibt er seinen Sohn als äußerst unmoralisch. Seine Tochter Lucilla hingegen achtet der Caesar und vertraut ihr; sie bittet er auch um Hilfe und Beistand für Commodus nach seiner aberkannten Nachfolge.

Der Hauptgrund dafür, dass Marcus Aurelius Maximus als seinen Nachfolger erwählt, sind seine Sorgen um die Zukunft Roms. Korruption beherrscht die Reihen des Senats und somit ist das Volk ohne Fürsprecher oder Eingriffsmöglichkeiten. Dies widerspricht der Idee, dass Rom als Republik gegründet worden ist. Von Maximus als seinen Nachfolger erhofft er sich, dass dieser als tugendhafter und seinen Werten treuer Mensch die alten Verhältnisse wiederherstellen und dem Volk seine Stimme zurückgeben kann. Um all dies zu verkünden, lässt der Imperator seine beiden Kinder ins Feldlager nach Germanien rufen.

Natürlich ist Commodus überzeugt davon, dass sein Vater ihn nun offiziell als seinen Nachfolger bekannt geben wird. Als ihm dieser abends alleine im Zelt jedoch seine gefällte Entscheidung verkündet, ermordet Commodus seinen Vater aus Zorn und erhebt sich selbst zum neuen Kaiser. Vor den Männern im Lager

Abbildung 6: Commodus tötet Mark Aurel

behauptet er, der Herrscher wäre eines natürlichen Todes gestorben.

Nachdem es ihm nicht gelingt, dass Maximus Decimus Meridius ihm die Treue schwört, gibt er den Befehl, diesen zu exekutieren. Obwohl dies fehlschlägt und der Tribun fliehen kann, lassen seine Männer den neuen Imperator im Glauben, dass dieser tot sei.

Zeitgleich schickt Commodus seine Männer aus, um Maximus Familie zu ermorden. Zurück in Rom zieht der neue Kaiser wie ein Kriegsheld in einem Streitwagen auf einem großen Platz vor dem Palast ein.

Das Volk, das dabei zusieht, zeigt geteilte Emotionen: manche jubeln, die meisten jedoch stehen dem neuen Kaiser argwöhnisch gegenüber oder zeigen offen ihre Abneigung.

Mit dem Teil des Senats der hinter ihm steht, plant Commodus Spiele, um das Volk auf diese Weise zu besänftigen. Die Mitglieder des Rates, die ihm ihre Unterstützung entsagen, unterdrückt Commodus durch Verhaftungen, Bedrohung der Familien oder Erpressung.

Schon zu Beginn an ist der Widerstand gegen den neuen Herrscher sehr groß. Aus Angst vor einer Absetzung ohne rechtmäßigen Thronerben versucht Commodus seine Schwester Lucilla zur Inzucht zu zwingen, nachdem sie ihm ihre freiwillige Liebe verweigert. Dies misslingt ihm jedoch auch.

All diese Faktoren, wie unter anderem der Liebesentzug durch Vater und Schwester, die Eifersucht und Hass auf Maximus oder die Angst vor seinen Widersachern, führen bei Commodus im Laufe der Geschichte zu verstärktem Verfolgungswahn. Sein Geisteszustandes lässt sich bei manchen seiner Handlungen wiederholt Infrage stellen, da man bei ihm fast von (Größen-)Wahnsinn sprechen kann.

Die Herrschaft des Commodus ist von Beginn an ungewiss, da er nicht rechtmäßig an seine Macht gekommen ist. Sowohl unter den Politikern als auch im Volk hat er zu wenig Unterstützung. Nach einer nur sehr kurzen und intrigenreichen Amtszeit stirbt der neue Kaiser während seiner eigens veranstalteten Spiele in der Arena in Rom.

2.2.4 Veranstaltung von Spielen zu Ehren Marcus Aurelius

Die im Film dargestellten Spiele werden von Commodus nach seiner Machtergreifung veranstaltet. Sie umfassen eine Dauer von 150 Tagen und finden im Kolosseum in der Hauptstadt Rom statt. Ob zusätzlich im Circus Maximus Wagenrennen im Umfang der Wettbewerbe enthalten sind, wird nicht gezeigt. Deshalb lässt sich davon ausgehen, dass sich die Kämpfe einzig auf die Arena beschränken.

Grund für die Veranstaltung sind nach außen hin die Ehrung des verstorbenen Kaisers Marcus Aurelius sowie eine Demonstration der Größe Roms, wodurch das Volk den Germanenkrieg gutheißen soll. Die wirklichen Beweggründe für die Organisation dieses Spektakels liegen jedoch darin, das Volk von dem schnellen Tod des Altkaisers und von den sozialen und politischen Problemen in Rom abzulenken.

Des weiteren werden die Spiele von Commodus als Vorwand benutzt, um das Volk soweit zu besänftigen, dass er die Auflösung des Senats bekannt geben kann. Dadurch würde er dem Volk den letzten Rest seiner bereits so geringen politischen Macht nehmen. Um die Bevölkerung noch mehr für sich zu gewinnen veranlasst der Kaiser die Verteilung von Brot an die Menge im Kolosseum.

Abbildung 7: Zuschauerränge in der Arena

Dies ist der Ort der Spiele, die Arena in Rom. Sie zeigt sich im Film von immenser Größe, erbaut aus grauem Stein. Das vierstöckige Gebäude wirkt vor allem durch seine Fassade aus Rundbögen und seines Umfangs sowohl edel als auch sehr imposant. Im Innenraum ist zu erkennen, dass die Vorbereitungsräume für die Gladiatoren, die Tiergehege und die Waffenkammern unter der Ebene der Publikumsränge angelegt sind. Verbunden sind die tiefer gelegenen Räumlichkeiten mit dem Innenraum der Arena durch Gänge, die am Ende mit schweren Rundbogentoren aus Eisen verschlossen werden können. Zusätzlich befinden sich im Innenhof vergitterte Kammern, in denen die Gladiatoren vor den Kämpfen betrachtet werden können. Danach hat man die Möglichkeit, Wetten auf seinen favorisierten Kämpfer abzuschließen. An der Spitze der Arena, auf Höhe der Zuschauerränge, befindet sich die Loge, in der der Kaiser mit seiner Familie sowie seinen engsten Vertrauten den Spielen beiwohnt. Die Zuschauer auf den Tribünen stehen der Kleidung zufolge nach ihrem sozialen Stand geordnet, wobei die unterste Schicht die oberen Ränge einnimmt. Die privilegierte Oberschicht, erkenntlich an den reinweißen Togen, nimmt die am dichtesten am Kampfplatz gelegene Position ein.

Die Ausrüstung der Gladiatoren beschränkt sich in den meisten Fällen auf Kettenhemden oder leichte Brustpanzer. Dazu getragen werden unterschiedlich geformte Helme. Bewaffnet sind sie optional mit einem Schwert, Schilden oder Lanzen. Die Kämpfer des Kaiser sind weitaus besser ausgestattet, unter anderem mit Streitwägen oder Armbrüsten sowie Pfeil und Bogen. Unter den Wettstreitern selbst befinden sich auch einige wenige Frauen, die an den Kämpfen teilnehmen.

Abbildung 8: Ausrüstung Maximus

Diese wiederum lassen sich in verschiedene Kategorien einteilen. Zum einen gibt es klassische Mann-gegen-Mann Wettstreite, zum anderen Kämpfe zwischen zwei oder mehreren Gruppen. In manchen Fällen stellen die Kämpfer hierbei längst vergangene Schlachten nach.

Der Einsatz von wilden Tieren wie Tigern war nicht unüblich um die Wettbewerbe für das Publikum noch aufregender zu gestalten.

Der Ablauf der Kämpfe baut immer auf dem selben Grundgerüst auf. Bei Gruppenkämpfen treten zuerst die Gladiatoren in die Arena und sprechen die Floskel <<Wir, die Todgeweihten, grüßen dich>> zum Salut an den Kaiser aus. Bei Duellen werden keine Höflichkeiten ausgetauscht; der Kampf beginnt, sobald der zweite Gladiator die Arena betritt. Je nachdem, um welche Art von Kampf es sich handelt werden die Umstände oder Besonderheiten zuvor für das Volk verkündet. Untermalt wird das Ganze von Trompetenbläsern und Trommlern, meist Slaven schwarzafrikanischer Abstammung. Als beendet wird ein Kampf angesehen, wenn eine der zwei Parteien völlig ausgelöscht ist beziehungsweise wenn es einem Gladiator gelingt, den Gegner zu entwaffnen oder so schwer zu verwunden, dass er kampfunfähig wird. Über das Leben oder den Tod des Unterlegenen entscheidet der Caesar mittels Handzeichen. Geht der Daumen nach oben, so schenkt er dem Verlierer das Leben. Zeigt der Caesar jedoch sein Missfallen an der Darbietung, so bedeutet das den Tod für den Gladiator. Beeinflusst wird die Entscheidung des Kaisers durch die lauten Zurufe des Volkes, das seine Meinung kundgibt.

Der Plan von Commodus, das Volk durch die Spiele zu besänftigen und ruhig zu stellen misslingt, als sich der Gladiator ihm wiederholt in der Arena widersetzt. So schlägt die Wirkung genau ins Gegenteil um und die Arena wird zum Ort der politischen Revolution. Zuletzt werden die falschen Spiele zu Ehren Marc Aurels wirklich zu seinem Vermächtnis, da dort für seinen Traum von einer römischen Politik eingestanden wird.

2.3 Analyse eines Filmausschnitts aus <<Gladiator>>

Analysiert wird eim folgendne eine Szene aus dem Film. Sie erstreckt sich von 1:40:40 bis 1:48:10 hh. Dabei trifft Maximus in der Arena auf den einzigen bisher unbezwungenen Gladiator, Tigris von Gallien. Danach folgt eine Konfrontation mit Commodus in der Arena.

2.3.1 Der Ablauf des Kampfes

Die Szene beginnt damit, dass Maximus in einem Gang wartet und sich mit Proximo unterhält, während sich sein Gegner bereits in der Arena befindet. Als er dann angekündigt wird, tritt er unter dem Jubel der Menge und einem Regen aus Rosenblättern durch die Tore. Während der Tribun zur Arenenmitte schreitet, erhält der Zuschauer Blicke auf das Publikum, die Senatoren und den Kaiser mit Familie.

Maximus und Tigris von Gallien stehen vor dem Kaiser, jedoch begrüßt nur Letzterer ihn mit der üblichen Floskel. Maximus dagegen steckt sein Schwert in den Boden und zerreibt zuerst einmal den Sand der Arena in seinen Händen.

Abbildung 9: Maximus und Tigirs

Der Kampf beginnt damit, dass sich beide Gegner erst einmal umkreisen. Derweil treten Sklaven auf den Platz, die nach Ketten greifen, welche sich unter dem Sand verbergen. Diese Geste verwirrt Maximus so, dass er einen Moment unaufmerksam ist, was seinem Gegner die Möglichkeit zum Angriff gibt. Maximus geht zu Boden. In diesem Moment öffnet sich hinter ihn im Boden eine Luke, aus der ein Tiger springt. Dieser wird von den Sklaven an den Ketten gehalten. Während das Tier Maximus angreift, muss sich dieser gleichzeitig gegen Tigris behaupten, der nun mit Axt und Schwert auf ihn losgeht. Die Tatsache, dass der Tiger immer nur in Maximus Nähe losgelassen, von dessen Gegner jedoch weggezogen wird, löst beim Volk laute Rufe des Missfallens aus.

Als der Tribun zur anderen Seite der Arena getrieben wird, öffnet sich nochmals eine Tigerluke im Boden. Das Gleiche passiert auf der anderen Seite des Kampfplatzes, diesmal jedoch springt die Wildkatze Maximus auf den Rücken. Nachdem er sie abschütteln kann, ersticht der Gladiator die Bestie, die ihn unter sich begräbt. Am Boden liegend gelingt es Maximus, die Axt seines Gegners, den er zuvor entwaffnet hatte, zu ergreifen. Indem er Tigris von Gallien die Waffe in den Fuß rammt, macht er ihn kampfunfähig. Als sein Gegner zu Boden geht, ist der Kampf beendet.

Während das Volk lautstark den Tod des Besiegten fordert, öffnet Maximus das Visier seines Gegners und wartet auf das Urteil des Kaisers. Der Meinung des Volkes folgend zeigt Commodus den Daumen nach unten und besiegelt so den Tod des bisher ungeschlagenen Gladiators. Obwohl Maximus bereits die Axt erhebt, um den ihm zu Füßen Liegenden zu enthaupten, entscheidet er sich dagegen und wirft seine Waffe zu Boden.

Das Volk versteht diese offene Rebellion gegen den kaiserlichen Befehl eher als Geste des Erbarmens, woraufhin man Maximus als <<den Barmherzigen>> bezeichnet. Dies verspottet zugleich den Kaiser und die Menge lacht.

Danach lässt der Kaiser seine Truppen in die Arena treten und den Sieger umstellen. Im Dialog mit dem Caesar schwört Maximus Rache an Commodus und droht diesem mit Mord, woraufhin der Kaiser seinen toten Sohn und seine Frau beleidigt. Maximus lässt sich jedoch nicht auf diese Provokation ein; er verspricht dem Imperator nur, dass seine Zeit bald zu Ende sein wird. Daraufhin wendet er sich ab und wird von den Soldaten aus der Arena gelassen, angefeuert von den Zurufen des Publikums.

2.3.2 Darstellung des Kampfes mit Fokus auf den Gladiator: Kameraeinstellungen, -perspektiven und -bewegung, Ton und Licht

In der analysierten Szene liegt der Fokus ganz klar auf dem Gladiator Maximus. Gleichzeitig erhält man aber auch einen Einblick, wie sein Stand beim Publikum ist, genauso wie sich das Verhältnis zu anderen Charakteren herauslesen lässt. Dies wird durch verschiedene gestalterische Mittel erreicht.

Die Kamera fungiert im Film als das Auge des Betrachters. Die größte Rolle spielt hierbei der Kamerawinkel, die Perspektive. Dadurch kann entweder Objektivität vermittelt werden, wobei der Zuschauer ein unabhängiger Betrachter des Geschehens ist, oder Subjektivität, wobei der Betrachter die Rolle eines Teilnehmers am Geschehen übernimmt. In der vorliegenden Szene wird des Geschehen fast rein objektivistisch gezeigt. Der am häufigsten vorkommenden Perspektivenwechsel ist der Sprung zwischen Normalsicht und Aufsicht, der während des Kampfes vorkommt. Zusätzlich werden besondere Arten der Perspektiven zur Herausstellung von Sachverhalten benutzt. Vom Standpunkt des Publikums aus sieht man die Gladiatoren in der Arena aus der Vogelperspektive. Dadurch wird die Unterlegenheit und der niedere Stellenwert des Lebens der Kämpfer im Gegensatz zu dem des Volkes herausgestellt. Auch der Betrachter fühlt sich somit übergeordnet. Dies vereint die subjektiven und objektiven Charakteristika der Kamerawinkel.

Abbildung 10: Sicht des Publikums auf das Geschehen

Während der Kampfhandlung erfolgt ein häufiger Wechsel zwischen Untersicht und Normalsicht, wobei der Blickwinkel die Dynamik der Bewegungen der Kämpfer und ihr Selbstbewusstsein betont. Der Zuschauer ist der unabhängige Betrachter des Geschehens, er erlebt den Konflikt jedoch direkt mit. Immer wenn sich eine Tierluke im Boden öffnet, verschiebt sich die Perspektive hin zur Froschperspektive und der Betrachter übernimmt die Sichtweise des Tigers. Geht einer der Kontrahenten zu Boden, erfolgt die Aufnahme in Vogelperspektive. Der Eindruck von Unterlegenheit und zum Teil Hilflosigkeit, der hier suggeriert werden soll wird nur noch durch den Wechsel zum Topshot verstärkt. Dabei nimmt der Betrachter die Position im 90° Winkel über dem Gefallenen ein. Der Dialog, der im Anschluss an den Kampf in der Arena zwischen Commodus und Maximus stattfindet, wird in Normalsicht gefilmt. Dadurch wird herausgestellt, dass die beiden Kontrahenten, so verschieden ihre Stellungen auch sind, sich in diesem Moment ebenbürtig gegenüber stehen. In diesem Verhältnis liegt auch der Grundkonflikt, der sich zwischen dem Protagonisten und dem Antagonisten entwickelt hat, welcher durch dieses filmische Mittel des Blickwinkels sowohl für den Zuschauer zuhause als auch für den in der Arena klar ersichtlich wird.

Ein weiteres Merkmal für die Kameraeinstellungen ist nicht der Winkel, sonder die Einstellungsgröße. Diese vermittelt, in welchem Abstand der Betrachter zum Geschehen steht. Beim Betreten der Arena wird der Gladiator mit Naheinstellung gezeigt. Dadurch erfolgt eine Betonung seiner Mimik und zeigt so seine Gefühlsregungen. Hier spiegelt sich Entschlossenheit in seinen Gesichtszügen wieder. Während er in die Arenenmitte zu seinem Gegner tritt, wechselt die Einstellung in die Totale. Dies zeigt einen Überblick über den Handlungsort und macht so deutlich, dass nun ein neuer Handlungsstrang einsetzt. In Naheinstellung werden währenddessen Blicke auf den Kaiser und die Senatoren eingeblendet, wobei in ihren Gesichtern deutlich ihre negativen Gefühle gegenüber Maximus zu lesen sind. Teilweise wird hier sogar mit Großeinstellung gearbeitet, die nur den Blick auf die Gesichter zeigt und Gefühle besonders deutlich zum Ausdruck bringen.

Als Maximus kurz vor Beginn des Kampfes sein Schwert in den Boden stößt und sich den Sand der Arena zwischen den Händen zerreibt, bekommt der Zuschauer nur den Blick auf seine Hand und die letzte Spitze des Schwerts, das im Boden steckt. Durch diese Detailaufnahme erlangt die Geste hohe

Abbildung 11: Maximus Geste

symbolische Bedeutung, die sich nun dem Betrachter offenbart. Wiederholte Einblicke auf den Kampf werden in der Halbtotalen gedreht, wodurch die Figurenkonstellation aus der Sicht der Publikumsränge gezeigt wird. Die restliche Darstellung der

Kampfhandlung beschränkt sich größtenteils auf Wechsel zwischen amerikanischer Einstellung und Nahaufnahmen mit gelegentlichen Großaufnahmen der Tiger.

Teilweise erfolgen auch Einblendungen des Publikums in Nahaufnahmen, um die Reaktionen des Volkes auf Maximus Fortschritte im Kampf zu zeigen. Hier spiegeln sich Begeisterung und Jubel, aber auch Blutdurst gegenüber dem Unterlegen wieder. Vereinzelte Detailaufnahmen des Aufeinandertreffens der Waffen stellen sicher, dass dem Zuschauer keine Einzelheit des Kampfes entgeht.

Abbildung 12: Nahaufnahme eines Zuschauers

Nach dem Ende des Kampfes übernehmen die totalen Einstellungen, womit zusätzlich der Wechsel zwischen Kampf und verbaler Konfrontation untermalt wird. Um wichtige Einstellungen zu zeigen erfolgt zuerst die Darstellung in der Halbtotalen, damit die Zuschauer den Sachverhalt genau erfassen können. Danach schließen sich Abfolgen aus Nah- und Großaufnahmen. Gehäufte Aufnahmen des Gesichts und des Schulterbereichs finden sich bei der Konfrontation zwischen Maximus und Commodus, da die Mimik der beiden bei der Darstellung der Vertiefung des Konflikts von besonderer Bedeutung ist. Insbesondere für das Publikum in der Arena ist dies wichtig, da für sie der Dialog nicht hörbar ist. Eine letzte Großaufnahme, bevor Maximus aus der Arena tritt, untermalt die Dramatik, die der ganzen Szene zugrunde liegt.

Auch anhand der Kamerabewegungen lassen sich Aussagen über den Inhalt und die Wahrnehmung einer Szene treffen. Die Bewegungen dienen dazu, den Zuschauer unauffällig in die Handlung zu integrieren und sorgen dafür, den Blick auf die Aktion gerichtet zu halten. In der vorliegenden Szene zeigt sich große Dynamik in der ersten Hälfte, wohingegen die zweite Hälfte eher statisch gedreht wird. Gleich zu Beginn folgt die Kamera Maximus beim Betreten der Arena in Fahrt. Dadurch wird dem Zuschauer der Eindruck vermittelt, hinter ihm her zu gehen. Durch eine Zoom von der Tribüne hinunter auf den Gladiator wird der Fokus der Szene auf den Protagonisten gelenkt. Zusätzlich erhalten die Zuschauer mittels eines Kameraschwenks einen Überblick über den Handlungsort. Trotz der überwiegenden Dynamik bleibt die Kamera bei sämtlichen Dialogen der Szene statisch verankert, der Eindruck von Bewegung hierbei wird durch das Zugehen der Schauspieler auf die Kamera vermittelt. Während des Kampfes selbst befindet sich die Kamera ständig in Fahrt, sowohl um die Kämpfer herum als auch linear zu ihren Seiten. Durch diese Verfolgung des Geschehens wird die Gesamtdynamik des Duells bewusst; seine Hektik kommt deutlicher zum Ausdruck als bei einer statischen Kameraführung. Im anschließenden Dialog mit dem Kaiser folgt die Kamera per Schwenks zwischen den beiden Gegnern dem Verlauf des Gesprächs.

<<Gladiator>> gehört zur Kategorie der panchromatischen Filme. Trotzdem wird in dieser Szene bewusst darauf verzichtet, durch bestimmte Farbgebung besondere Effekte zu erzielen. Auch die Lichtverhältnisse sind im Normalstil dargestellt. Beides zielt darauf ab, eine besonders realistisch wirkende Szene zu erzeugen.

Die Geräuschgebung im Film beschränkt sich auf die reell zu sehende Handlung, es wurden keine erkennbaren zusätzlichen Geräusche hinzugefügt. Das Aufeinandertreffen der Klingen, das Klirren der Ketten und der Jubel des Publikums bilden die vorherrschende Geräuschkulisse.

Auf Filmmusik wird während der Kampfhandlung völlig verzichtet und auch in der restlichen Szene sehr sparsam verwendet. Erst als über das Todesurteil des Verlierers entschieden werden soll, setzt dramatische Orchestermusik ein. Diese steigert sich bis zu dem Punkt, als Maximus seine Waffen zu Boden wirft. Auch der Dialog zwischen dem Kaiser und dem Tribun ist mit dezenter, aber trotzdem wirkungsvoller Musik untermalt. Dies erzeugt eine bedrohliche Grundatmosphäre. Die markanteste Verwendung von Filmmusik findet jedoch statt, als das Gespräch sich um Maximus Frau und Kind dreht. Diese Einstellungen werden vom Komponisten Hans Zimmer mit dem Familienmotiv unterlegt. Diese Melodie gehört zu den prägnanten Leitmotiven des Films. Der Hörer verbindet sie sofort mit dem Gefühl der Sehnsucht und der Geborgenheit. Gleichzeitig verdeutlicht diese Score-Musik, wann Maximus an seine Familie denkt, sowie das Ziehen von Kraft und Mut aus diesem Gedanken. In der Szene geht das Familienmotiv nahtlos in das zweite Leitmotiv des Films über. Dieses steht mit der Überlegenheit und der Entschlossenheit des Gladiators in Verbindung und ertönt immer, wenn er Siege erringt oder andere Erfolge davonträgt. Unter diesem Motiv verlässt der siegreiche Tribun, der sich wieder dem Einfluss des Kaisers entzogen hat, die Arena.

3. Textbezogene Analyse

3.1 Kämpfe in der Arena

3.1.1 Die Arena – Ort des Spektakels

Die Arena in Rom, die heutzutage Kolosseum genannt wird, hat bis zum Mittelalter den Namen <<Flavisches Amphitheater>> getragen. Dieser Titel ist auf seine Erbauer zurückzuführen, die drei Kaiser der flavischen Dynastie: Vespasian, seinen Sohn Titus, unter dessen Herrschaft das Bauwerk fertig gestellt wird und Kaiser Domitian, der Umbauten vornimmt. Eingeweiht wird die Arena 80 n. Chr. mit der Veranstaltung von Spielen, die 100 Tage lang andauern. Sie beinhalten Kämpfe, Hetzjagden mit wilden Tieren und sogar eine Seeschlacht.[2]

Die Erscheinung des Monuments ist heutzutage noch genauso beeindruckend wie vor mittlerweile knapp 1900 Jahren. Seine vierstöckige Fassade, zusammengesetzt aus drei Arkadenreihen und einem Attikageschoss, ist mit zahlreichen Rundbögen, Halbsäulen und Pilastern geschmückt.[3] Noch heute kann das imposante, wenn auch inzwischen teilweise verfallene Bauwerk innen besichtigt werden.

Abbildung 13: Fassade des Kolosseums

Abbildung 14: Innenraum

Dabei werden auch die Unterkellerungen unter der Arena und den Tribünen ersichtlich, in denen früher die Räume für die Waffen, die Gefangenen und die Tiere untergebracht waren. Für ebendiese gab es „eine ausgeklügelte Bühnentechnik aus [...] Aufzügen [wodurch es] aus der Perspektive der Zuschauer [so aussieht], als würden die Tiere gleichsam vom Boden 'ausgespien' ".[4] Um die Zuschauer auf den untersten Rängen zu schützen, ist der äußerste Rand der Arena mittels gespannten Netzen abgetrennt worden. Diese sollen zugleich verhindern, dass ein Tier oder ein Kämpfer

---

2 vgl. Mann, Christian: Die Gladiatoren, 2013, S. 67
3 vgl. Mann, a.a.O., S. 68
4 Mann, a.a.O., S. 70

aus dem Blickfeld des Publikums entschwindet.[5]

Nicht nur der Innenraum der Arena, auch die Zuschauerränge sind Meisterleistungen. Durch ein ausgeklügeltes System aus Eintrittskarten hat nicht nur jeder einen zugeteilten Platz, sondern diese sind „nach den rigiden hierarchischen Kriterien"[6] genauestens festgelegt.

So befinden sich die Sitzplätze für die Senatoren sowie die Kaiserloge direkt über der Arena. Je weniger privilegiert der eigene Stand war, desto weiter oben muss man sitzen.[7]

Obwohl das Gebäude aus Marmor und Travertin über die Jahrhunderte hinweg immer weiter verfallen ist oder teilweise eingestürzt ist, zeugt es auch heutzutage noch von der früheren Größe und Dekadenz Roms.

---

5 Paolucci, Fabrizio: Gladiatoren. Leben für Triumph und Tod, 2013, S. 61
6 Mann, a.a.O., S. 68
7 vgl. ebd.

3.1.2 Der Veranstalter der Spiele, ihre Zuschauer und ihr Ablauf – Gemetzel ohne Regeln?

Nicht nur in Rom, auch außerhalb in den Provinzen werden Spiele, sogenannte *munera*, veranstaltet. Die Wettkämpfe selbst, die ursprünglich zu Ehren von Verstorbenen organisiert worden sind, lassen sich in zwei Kategorien unterteilen. Zum einen gibt es private Spiele, zum anderen die weitaus größeren, kaiserlichen Schauspiele. Die Veranstaltung eines *munus* geht oft auf ein Amt zurück, das dies per Gesetz vorschreibt. Zu den verpflichteten *editores* von Spielen gehören unter anderem Ädile, Prokuratoren und Duumviri.[8] Verbunden mit der Veranstaltung von Spielen war auch ein hoher finanzieller Aufwand, denn die Beschaffung von Tieren und Gladiatoren verursachte erhebliche Kosten.

Die wichtigsten Teilnehmer an solchen *munera* waren nicht die Veranstalter oder gar die Gladiatoren, sondern es waren die Zuschauer. Auf den Publikumsrängen waren alle Stände des römischen Volkes vertreten (→ 3.1.1). Wie oft vermutet, sind die Spiele nicht der Ort, an dem das Volk vom Politikgeschehen abgelenkt wird. Vielmehr zeigt sich hier die wahre Macht des Volkes, wie Cicero überliefert.

> „ ...etenim tribus locis significari maxime de (re publica) populi Romani iudicium ac voluntas potest, contione, comitiis, ludorum gladiatorumque consessu."[9]

Das Volk hat, gemäß dieses Ausspruches, die beste Möglichkeit zur Äußerung der politischen Meinung bei Volksversammlungen, Komitien und bei den Versammlungen im Theater sowie bei den Gladaitorenkämpfen.[10]
Die Äußerungen des Volkes gegenüber den anwesenden Senatoren und ihr großer Einfluss auf die Entscheidung des Kaisers über das Leben der Kämpfer sind von höchster Bedeutung. Je nachdem, ob der Kaiser auf die Meinung des Volkes eingeht oder nicht, steigt oder sinkt er im Ansehen der Bevölkerung.[11]

Es gibt viele Überlieferungen, unter anderem aus Pompeji erhaltene Wandgemälde, aus denen das Programm eines *munus* hervor geht. So sind die Spiele damals wohl dreigeteilt: vormittags finden Tierhetzen und Jagden, sogenannte *venationes*, statt. Danach folgen um die Mittagszeit Hinrichtungen von Straftätern.

---

8 vgl. Paolucci, a.a.O., S. 75
9 Rupprecht, Gerd u.a. (o.J.): Marcus Tullius Cicero (106-43 v.Chr.), http://amphi-theatrum.de/1916.html (Stand: 09.10.2015)
10 vgl. ebd.
11 vgl. Mann, a.a.O., S. 94f

Den Höhepunkt bilden aber die Gladiatorenkämpfe am Nachmittag. [12]

Diese waren nicht regellos, wie sie oft dargestellt werden, sondern folgten strengen Protokollen. Die Einhaltung aller Vorschriften wurde durch die Anwesenheit zweier Schiedsrichter gewährleistet, während ein Zeremonien-

Abbildung 15: Werbeplakat aus <<Gladiator>>

meister für die Einhaltung des vorgegebenen Ablaufs sorgt. Den Schiedsrichtern ist es ebenfalls erlaubt, den Kampf zu pausieren, falls einer der Gladaitoren seine Waffe verliert oder einen Regelverstoß begeht. Ein Signal eröffnet den eigentlichen Kampf. Je nach Gladiatorengattung; die häufigsten waren *retarius, thraex, murmillo* und *secutor*, unterschieden sich die Kämpfer in Rüstung, Waffen und Kampftechniken (→ 3.1.3). Den Gladiatoren kommt es im Kampf nicht darauf an, den Gegner zu töten, sondern durch überlegene Taktik zu besiegen. Für den Ausgang eines Kampfes gab es ebenfalls verschiedene Möglichkeiten. Zum einen ein Unentschieden, bei dem beide Gladaitoren den Kampf siegreich verlassen, zum anderen die Tötung des Gegners. Eine weitere Möglichkeit war die Kapitulation in Anschluss dessen der Gladiator entweder begnadigt oder zum Tode verurteilt wird[13] (→ 3.1.1). Dies geschieht durch ein Zeichen des Kaisers, das nicht genau überliefert ist, dennoch gibt es „die heute populären Zeichen mit erhobenem oder gesenktem Daumen […] in der römischen Antike […] nicht"[14].

---

12 vgl. Hopson-Münz, Andreas (15.08.2014): Gladiator. Ein Tag in der Arena.
   http://forumtraiani.de/gladiator-ein-tag.in-der-arena/ (Stand: 10.10.2015)
13 vgl. Mann, a.a.O., S. 27ff
14 Mann, a.a.O., S. 32

3.1.3 Die Gladiatoren – ihre Ausbildung, Waffen und Kleidung

Um ein Gladiator zu werden, braucht man keine besonderen Vorraussetzungen. Es gibt zwar junge Männer, die sich freiwillig für die Ausbildung und die Arenenkämpfe bei einem *lanista*, einem Gladiatorenschulenbesitzer, verpflichten; diese bilden jedoch die Minderheit. *Auctorati* streben meist nach Ruhm und Ansehen und sind bei der Bevölkerung wegen der vertraglichen Auslieferung aus freiem Willen an den Gladiatorenmeister wenig geachtet. Die meisten der Kämpfer, die für die Arena ausgebildet werden, sind unfreiwillige Gladiatoren. Diese sind vor ihrer Rekrutierung entweder Kriegsgefangene, Straftäter oder Sklaven gewesen und werden an Gladiatorenschulen verkauft. Es gab sowohl staatliche als auch privat unterhaltene Gladiatorenschulen. Die vier größten staatlichen Ausbildungsstätten befanden sich in unmittelbarer Nähe des Koloseums in Rom, der größte von ihnen, der *ludus magnus,* war sogar über einen unterirdischen Gang mit der Arena verbunden. Die Ausbildung in diesen *ludi* dauert meist mehrere Monate.[15] Haupttrainingsbestandteil ist der Kampf mit einem Holzschwert gegen einen hölzernen Pfahl, den *palo*, bei dem die Taktik und die Ausdauer gefördert werden. Von diesem Training stammt auch der Name der Hierarchieordnung unter den Gladiatoren einer *familia*. Die Kämpfer wurden, je nach Siegesbilanz und Kampferfahrung in verschiedene *pali* eingeteilt. So waren die erfolgreichsten und somit auch diejenigen mit dem höchsten Mietpreis in der Riege *primi pali*, die nächst Besten in der *secundi pali*.[16] Die Anzahl der verschiedenen Riegen war von der Größe des *ludus* und der *familiae* abhängig. Trainiert wurden die Kämpfer meist von ehemaligen Gladiatoren, die ihren Dienst in der Arena abgeleistet haben.

Ob beim Training bereits unter den verschiedenen Gattungen der Gladiatoren unterschieden wird, ist nicht genau überliefert. Es lässt sich jedoch schlussfolgern, dass Kämpfer anderer Gattungen verschieden trainiert werden, da sie sich nicht nur in Rüstung und Waffenausstattung unterscheiden, sondern auch durch ihre unterschiedlichen Kampftechniken. Heutzutage sind vor allem sechs verschiedene Gattungen von Kämpfern bekannt, *murmillo, thraex, hoplomachus, essedarius, retiarius* und *secutor.* Beliebte Paarungen für Kämpfe waren zwei Gladiatoren aus verschiedenen Gattungen, aber mit den gleichen Chancen auf den Sieg.[17]

---

15 vgl. Mann, a.a.O., S. 36ff
16 vgl. Paolucci, a.a.O., S. 32
17 vgl. Mann, a.a.O., S. 23

Die Gattung des *thraex* zeichnet sich durch das signifikante Krummschwert und einen kleinen, rechteckigen Schild zur Verteidigung aus. Er trägt einen großen, mit Federn geschmückten Helm, der eine hohe und breite Krempe aufweist. Als einzige Rüstung verfügen die *thraeces* über zwei Beinschienen und den mit Leder gepolsterten Armschutz. Ein häufiger Gegner für ihn war ein *murmillo*. Dieser trägt eine Helm in gleicher Form, aber mit anderem Federschmuck. Ein Kurzschwert gepaart mit einem großen, legionärs-ähnlichen Schild dienen ihm sowohl als Waffe als auch zur Verteidigung, da seine Rüstung nur aus einer Beinschiene auf der linken Seite und dem Lederarmschutz besteht.

Abbildung 16: Thraex (links) gegen Murmillo

Abbildung 17: Murmillo gegen Hoplomachus

Ein weiterer Gegner für den *murmillo* war der *hoplomachus*. Diese Gattung kann an der Waffe, einem Speer, sowie einem kleinen halbkugelförmigen Schild identifiziert werden. Die Form des Helmes unterscheidet sich von den beiden vorangegangenen Gattungen lediglich durch eine steilere Krempe. Optional zählt auch ein kurzes Schwert zu den Waffen des *hoplomachus*.

Eine weitere Gattung waren die *essedarii*. Ihr Name leitet sich von *essedum*, der Bezeichnung für einen Streitwagen ab. Es gibt jedoch keine Belege dafür, dass im Kolosseum auch mit Streitwägen gekämpft wird. Kennzeichnend für diese Gattung sind ein schwerer ovaler Schild, ein Dolch oder sehr kurzes Schwert und ein Helm, dessen Krempe vor allem den Halsbereich vor Stichen schützt. Der *essedarius* ist wohl der

Abbildung 18: Duell zweier Essedarii

am wenigsten gepanzerte Gladiator, lediglich zwei kleine lederne Beinschienen und der traditionelle Schutz für den Schwertarm dienen ihm als Rüstung.

Die letzten beiden der heute bekannten Gladiatorentypi sind der *secutor* und der *retiarius*. Der erstgenannte unterscheidet sich im wesentlichen nur wenig vom *murmillo*: großer Legionärsschild, Kurzschwert und die Beinschiene links. Unterschiedlich ist die Armpanzerung. Hier verfügt der *secutor* über einen Arm- und Teilbrustpanzer aus Metall. Der größte Unterschied aber liegt in der

Abbildung 19: Secutor gegen Retiarius

Helmform. Diese ist speziell für die Abwehr von langen Waffen wie Speer oder Dreizack entworfen und zeichnet sich durch eine Krempe auf Stirnhöhe aus. Die einzige Gattung, die ohne Helm in die Arena tritt, ist der *retiarius*. Dieser Kämpfer ist an das Erscheinungsbild der Fischer angelehnt, weshalb er in der Arena mit Dreizack und einem drei Meter langen Wurfnetz ausgestattet ist. Einzige Panzerung ist ein leichter metallener Armschutz auf der rechten Seite und lederne Beinschienen.

Allgemein kann man die Gladiatoren in leicht und schwerbewaffnete Kämpfer einteilen. Die leichter bewaffneten Gattungen, zu denen *retiarius* und *thraex* gehören, sind beweglicher und wendiger im Kampf. Ihre Stärken liegen in der Distanz, aus der sie den Gegner mit Überraschungsangriffen und Täuschungen zu ermüden versuchen. Die Schwerbewaffneten *secutores* und *murmilli* sind im Nahkampf im Vorteil, da sie dort ihre Waffen besser verwenden können.[18]

---

18 Vgl. Mann, a.a.O., S. 27

3.2 Untersuchung der Realitätsnähe des Films <<Gladaitor>>

3.2.1 Vergleich zwischen den damaligen wirklichen historischen Hintergründen und den im Film dargestellten

Die historischen Hintergründe, die im Film <<Gladiator>> dargestellt werden (→ 2.2), werden im folgenden mit den damaligen belegten Gegebenheiten verglichen, um eine Schlussfolgerung über den Wahrheitsgehalt des Films ziehen zu können.

Die Hauptperson des Epos, Tribun Maximus Decimus Meridius (→ 2.2.1), basiert auf einem Feldherr namens Marcus Nonius Macrinus, der als „General [...] zum inneren Zirkel um Marc Aurel [gehörte und] zum Prokonsul in Asien"[19] aufstieg. Der Name selbst ist ein Vorschlag des Schauspielers, der Maximus im Film verkörpert und dient als Ersatz für den vorhergesehenen Namen <<Narcissus>>[20]. Daraus ergibt sich die Folgerung, dass die Hauptfigur des Films nicht historisch belegbar ist, selbst wenn sie einer realen Persönlichkeit nachempfunden wird. Seine Geschichte kann somit als erfunden eingestuft werden.

Der Germanenkrieg, der im Film mit der erfolgreichen Eroberung ganz Germaniens endet (→ 2.2.2), hat in Wirklichkeit den Namen Markomannenkrieg getragen. Auch haben es die Römern nie wie gezeigt geschafft, ganz Germanien zu erobern. Stattdessen ist es Commodus gelungen, einen Friedensvertrag mit den germanischen Stämmen nach dem Tode Marc Aurels im Jahr 180 n. Chr. abzuschließen.[21]

Dies führt gleich zum nächsten Punkt, dem Tod des Imperators Marc Aurel, der im Film von seinem Sohn getötet wird aus Rache dafür, in der Thronfolge übergangen worden zu sein (→ 2.2.3). In Wirklichkeit stirbt Kaiser Marc Aurel in Wien an einer Krankheit, nachdem er vier Jahre zuvor seinen Sohn Commodus bereits als Erbe und Mitregent ernannt hat[22]. Commodus, Kaiser von 180-192 n. Chr., der zwar gerne sebst als Gladiator in manipulierten Kämpfen angetreten ist,[23] stirbt ebenfalls nicht wie im Film gezeigt.

---

19 Becker, Marcus (16.10.2008): Film und Realität: Gruft des „Gladiator"-Vorbilds gefunden. http://www.spiegel.de/wissenschaft/mensch/film-und-realitaet-gruft-des-gladiator-vorbilds-gefunden-a-584618.html (Stand: 17.10.2015)
20 vgl. RFF-Bot (24.08.2015): Gladiator (Film). https://de.wikipedia.org/wiki/Gladiator_%28Film%29 (Stand: 08.09.2015)
21 vgl. Grießhaber, Dieter (24.01.2015): Römische Geschichte zur Zeit Kaiser Marc Aurel und Commodus. Http://geschichtsverein-koengen.de/RoemKaiser3.htm (Stand: 17.10.2015)
22 vgl. ebd.
23 Vgl. Mann, a.a.O., S. 44f

Er wird von dem Sportler Narcissus, dem vorher erwähnten eigentlichen Namensgeber für die Hauptrolle des Films, im Zuge einer Verschwörung erdrosselt.[24] Der Film verkürzt somit seine Regentschaft von zwölf Jahren auf ein paar wenige Monate und stellt sowohl die seinen als auch die Todesumstände Marc Aurels falsch dar (→ 2.2.3). Die Handlungsgrundlagen der Charaktere des Films werden somit entkräftet.

Der Haupthandlungsstätte, die Arena in Rom, ist dem Original nachempfunden und wurde akkurat rekonstruiert. Auch die Sitzplatzverteilung auf den Rängen war in Wirklichkeit so (→ 3.1.1), wie sie im Film dargestellt wird (→ 2.2.4). Jedoch wird im Film der Name <<Kolosseum>> verwendet, was geschichtlich nicht korrekt ist. Zur Zeit, zu der der Epos spielt, trug die Arena noch den Namen <<Flavisches Theater>>, während sie ihren richtigen Namen erst später erhält (→ 3.1.1).

Weitere Unstimmigkeiten zeigen sich in der Darstellung der Spiele im Film. Durch einen Vergleich mit den damaligen, in der Gladiatur üblichen Waffen und Rüstungen (→ 3.1.3) wird ersichtlich, dass die Ausrüstung der Kämpfer im Film nur wenig historische Grundlage hat. Dies wird vor allem am Helm des Maximus ersichtlich, der ein deutliches Fantasiegebilde darstellt.

Abbildung 20: Maximus Helm

Ein weiterer Punkt ist der im Monumentalfilm wiederholt verwendete Gruß <<Die Todgeweihten grüßen dich!>>, den die Gladiatoren vor jedem Kampf an den Caesar richten. Dieser Spruch findet in Wirklichkeit nur bei einem einzigen Kampf Gebrauch, bei einer Seeschlacht unter Claudius Tiberius[25]. Überliefert ist dieses Ereignis durch Cassius Dio und durch Sueton, Claudius 21: „Have imperator, morituri te salutant!"[26]. Mangelnde weitere Überlieferungen lassen darauf schließen, dass dieser Spruch fälschlicherweise so häufig in Film und Lieratur wiedergegeben wird, tatsächlich aber nur ein einziges Mal benutzt worden ist. Fast ebenso verhält es sich mit der Geste des gehobenen oder gesenkten Daumens, die im Film zwar vorkommt, historisch jedoch nicht belegbar ist (→ 3.1.2).

24 vgl. Becker, Marcus, a.a.O.
25 vgl. Paolucci, a.a.O., S. 57
26 Rupprecht, Gerd u.a. (o.J.): Claudius. Tiberius Claudius Ceasar Augustus Germanicus (41-54 n.Chr.). http://amphi-theatrum.de/1669.html#c1669 (Stand: 19.10.2015)

Ein weiterer im Film gezeigter Teil ist der Besitzer der Gladiatorenschule, Proximo, der früher selbst Gladiator gewesen ist. Nach dem zuvor analysierten (→ 3.1.1) ist dies eher unwahrscheinlich. Ein ehemaliger Gladiator hätte wohl die Position eines Trainers in einem *ludus* eingenommen. Die Chance, dass er zu einem *lanista* wird, ist aber gering.

3.2.2 Vergleich der Beschreibung von Spielen/ Kämpfen in der lateinischen Literatur und im Film

Die Beschreibung von Spielen in der lateinischen Literatur unterscheidet sich oft bei den verschiedenen Autoren. Je nach Zeitalter, Abstammung, ethischen Vorstellungen und Religion sowie gesellschaftlichem Stand ist auch der Blickwinkel auf die Schauspiele unterschiedlich. Dennoch lassen sich allgemeine Beschreibungen über die Schauspiele in der Antike daraus herleiten.

Dass die Spiele wirklich einen festgelegten Ablauf haben (→ 3.1.2) , findet man in den *epistulae morales 7,3/4/5* des Seneca wieder, der überliefert:

> „nunc omnissis nugis mera homicidia sunt. Nihil habent, quo tegantur; ad iuctum totis corporibus expositi numquam frustra manum mittunt. [...] Mane leonibus et ursis homines, meridie spectatoribus suis obiciuntur. Interfectores interfecturis iubent obici et victorem in aliam detinent caedem; [...] Haec fiunt, dum vacat harena"[27]

Am Morgen finden gemäß Seneca die Tierhetzen statt, Mittags die Hinrichtungen und Kämpfe der verurteilten Straftäter. An ebendiesen ergötzen sich die Zuschauer trotz ihrer Grausamkeit, da bis zum Tod aller Teilnehmer gekämpft wird.[28] Ein solcher Tagesablauf wird im Film <<Gladiator>> zu keiner Zeit ersichtlich, jedoch ist nicht klar ob das Tagesprogramm nicht stattfindet oder man sich nur auf das Zeigen der Gladiatorenkämpfe aus filmtechnischen Gründen beschränkt hat.

Weitere Berichte über die Gladiatur sind von Martial in seiner Schrift *liber de spectaculis 29* niedergeschrieben. Hierbei erläutert er den Fall einer Begnadigung zweier gegnerischer Gladiatoren.

> „missio saepe uiris magno clamore petita est; [...] pugnauere pares, subcubuere pares. Misit utrique rudes et palmas Caesar utrique: [...] cum duo pugnarent, uictor uterque fuit"[29]

Da beide gut und ausdauernd gekämpft haben, verlangt das Volk durch Zurufen einen Straferlass für beide. Indem sich beide Kämpfer gleichzeitig ergeben, können sie vom Kaiser beide zum Sieger erklärt werden.[30] Dies war eine mögliche Option für den Ausgang eines Kampfes.

---

27 Gottwein, Egon (30.09.2015): Sen.epist.7: Öffentlichkeit und Zurückgezogenheit. http://www.gottwein.de/Lat/sen/epist.007.php (Stand: 19.10.2015)

28 vgl. ebd.

29 Becker, Moritz (22.10.2014): Martial de Spectaculis 29. http://www.lateinoase.de/autoren/martial/liber %20de%20spectaculis/martial-liber-de-spectaculis-29-uebersetzung.html (Stand: 19.10.2015)

30 vgl. ebd.

Obwohl dieser genaue Fall im Film nicht vorkommt, ereignet sich doch so ähnlich eine Begnadigung eines Gladiators, der auf Wunsch des Volkes vom Kaiser freigesprochen wird. Die Macht der Meinung des Volkes wird hierbei deutlich. Wie in der Quelle muss sich der Imperator nach dieser richten, um keine Sympathien zu verlieren.

Ein weiterer Beleg, in dem das Volk seine Meinung durch Gunstbezeugungen, Anfeuerungsrufe oder Beleidigungen kund tut, findet sich bei Tertullian. In seinem Buch *de spectaculis* erläutert der Autor sehr genau die Abläufe in den Amphitheatern.

> *De spectaculis 16,4:* „Inde maledicta, convicia sine iustitia odii, etiam suffragia sine merito amoris [...] Von daher kommt es zu Schmähungen, zu Schimpfwörtern ohne wirklichen Grund für Haß [sic!], auch zu Anfeuerungsrufen ohne wirklichen Grund für Zuneigung."[31]

Das Volk bringt seine Meinung so zum Ausdruck. Im Monumentalfilm wird dies an mehreren Stellen gezeigt.

Das Amphitheater, dass im Film so imposant die Größe Roms demonstriert, findet sich auch bei Tertullian wieder.

> *De spectaculis 2,2:* „Plane et ipsae extructiones locorum, quod saxa, quod caementa, quod marmora, quod columnae dei res sunt, qui ea ad instrumentum terrae dedit"[32]

Dieser beschreibt die Bauten als von Gotteshand geschaffen und als Zierde der Erde.[33] Daraus lässt sich die Gewaltigkeit der Amphitheater schlussfolgern, die im Film auch herausgestellt wird (→ 2.2.4).

Zugleich findet sich die Sitzordnung, die im Amphitheater vorherrschte (→ 3.1.1), auch in lateinischer Literatur überliefert.

> *De spectaculis 3,6:* „vias enim et cardines vocant balteorum per ambitum et discrimina popularium per proclivum"[34]

Die hier beschriebenen Trenngänge, die die Tribüne für die Zuschauer von oben nach unten in Abschnitte einteilen[35], werden vom Volk ja nach ihren Rängen eingenommen (→ 2.2.4). In diesem Punkt hält sich der Film an die überlieferten Umstände.

---

31 Tertullianus, Quintus Septimus: De spectaculis, in: Weeber, Karl-Wilhelm (Hrsg.): De spectaculis. Über die Spiele. Lateinisch/Deutsch, Reclam, Stuttgart, 2008, S.52f
32 Tertullianus, a.a.O., S. 6
33 vgl. Tertullianus, a.a.O., S. 7
34 Tertullianus, a.a.O., S. 16
35 vgl. Tertullianus, a.a.O., S. 17

Auch der dargestellte Grund der Spiele, der Tod Mark Aurels, basiert auf historischen Grundlagen. Zwar sind keine *munera* direkt nach seinem Begräbnis überliefert, jedoch war es im alten Rom gebräulich, Spiele zu Ehren der Toten abzuhalten. So beschreibt es auch Tertullian in *de spectaculis 12,1/3/4*:

„Officium autem mortuis hoc spectaculo facere se veteres arbitrabantur, [...] Ita mortem homicidiis consolabantur. [...] Haec muneri origo."[36]

Die Schauspiele sollten den Lebenden helfen, den Tod besser zu verarbeiten. Laut dem Schriftsteller liegt darin sogar der Ursprung der Gladiatorenkämpfe[37].

De spectaculis 12,5: „ Ut et titulos considerem, licet transierit hoc genus editionis ab honoribus mortuorum ad honores viventium, quaesturas dico et magistratus et flaminia et sacerdotia"[38]

Hierbei beklagt der Geschichtsschreiber das Verkommen dieser Tradition zu einer reinen Ehre für die Veranstalter. Verschiedene Beamte, die die Spiele ausrichten, werden mehr gewürdigt als die Verstorbenen[39](→ 3.1.2). Dies wird im Film deutlich, da die Spiele weitaus mehr zu Ehren des Commodus beitragen, als dem toten Kaiser zu gedenken.

Eine Szene des Films zeigt, dass das Volk vor den Gladiatorenkämpfen die Möglichkeit hat, die Gladiatoren in Augenschein zu nehmen und dann Wetten auf ihren Favoriten abzuschließen. Obwohl es für die Vorführung der Kämpfer keine Überlieferungen gibt, findet sich in *de spectaculis* 16,1 wohl eine Bestätigung des Wettbetriebes im Amphitheater:

„Aspice populum ad id spectaculum iam cum furore venientem, iam tumultuosum, iam caecum, iam de sponsionibus concitatum."[40]

So kommt das Volk schon völlig aufgebracht in die Arena, aufgeregt wegen der Wetten[41]. Dieser Bestandteil des Films beruht somit auf Tatsachen.

Über die Gladiatoren schreibt Tertullian weiterhin, dass es nicht immer Schuldige sind, die zur Arena verurteilt werden. Auch Unschuldige werden seiner Meinung nach gekauft um zur Unterhaltung des Volkes im Amphitheatrum anzutreten[42]:

De spectaculis 19,3/4: „Quis autem mihi sponsor est, nocentes semper vel ad bestias vel ad quodcumque supplicium decerni [?] Certe quidem gladiatores innocentes in ludum veneunt, ut publicae voluptatis hostiae fiant."[43]

---

36 Tertullianus, a.a.O., S. 42ff
37 vgl. Tertullianus, a.a.O., S. 43ff
38 Tertullianus, a.a.O., S. 44
39 Vgl. Tertullianus, a.a.O., S. 45
40 Tertullianus, a.a.O., S. 52
41 vgl. Tertullianus, a.a.O., S. 53
42 vgl. Tertullianus, a.a.O., S. 61
43 Tertullianus, a.a.O., S. 60

Diese Beurteilung stellt eine Parallele zur Filmhandlung dar, da der Protagonist auch als Unschuldiger gefangen und an eine Gladiatorenschule verkauft wird. Obwohl Maximus keine historisch belegbare Person ist, ist sein Schicksal, als Sklave in die Arena verkauft zu werden, mehr als wahrscheinlich.

4. Fazit: <<Gladiator>> als abbildgenaue Darstellung der Vergangenheit oder als realitätsverzerrendes Kinospektakel

Der mehrfach ausgezeichnete und sehr bekannte Epos <<Gladiator>> prägte weltweit das Bild von den antiken Kämpfern. Jedoch stellt sich heraus, dass an manchen Stellen des Films die Wahrheit zu Gunsten der Dramaturgie verzerrt ist. So stimmen die Schicksale der Hauptpersonen Commodus, Mark Aurel und Maximus in keinster Weise mit der Realität überein, Letzterer ist sogar frei erfunden (→ 3.2.1).

Was die Darstellung der *ludi* im Film angeht, so wird auch hier mehr Wert auf eine gute filmische Darstellung, wie zum Beispiel bei den Rüstungen, als auf die Authentizität gelegt (→ 3.2.1).

Dennoch sind die meisten im Film überlieferten Fakten nah an die Wahrheit angelehnt und um Originalität bemüht. Im Spiegel der lateinischen Literatur zeigen sich hier viele Grundlagen, auf denen der Epos aufbaut (→ 3.2.2).

Letztlich kann <<Gladiator>> nicht als abbildgenaue Darstellung der Vergangenheit gewertet werden. Dazu sind zu viele Details oder geschichtliche Umstände verfälscht worden.

<<Gladiator>> bedient wohl in einigen Bereichen viele Klischees über den römischen Kampfsport, kann aber bei einer kritischen Betrachtungsweise dennoch auf unterhaltsame Weise Wissen vermitteln.

5. Quellenverzeichnis

5.1 Literaturverzeichnis

5.1.1 Buchquellen

- Mann, Christian: Die Gladiatoren, 1. Auflage, C.H.Beck Wissen, München, 2013, Beck'sche Reihe.

- Paolucci, Fabrizio: Gladiatoren. Leben für Triumph und Tod, Richter, Katja (Übers.), 1. Auflage, Parthas, Berlin, 2013.

- Tertullianus, Quintus Septimus: De spectaculis, in: Weeber, Karl-Wilhelm (Hrsg.): De spectaculis. Über die Spiele. Lateinisch/Deutsch, Reclam, Stuttgart, 2008.

5.1.2 Internetquellen

- Becker, Marcus (16.10.2008): Film und Realität: Gruft des „Gladiator"-Vorbilds gefunden. http://www.spiegel.de/wissenschaft/mensch/film-und-realitaet-gruft-des-gladiator-vorbilds-gefunden-a-584618.html (Stand: 17.10.2015)
- Becker, Moritz (22.10.2014): Martial de Spectaculis 29. http://www.lateinoase.de/autoren/martial/liber%20de%20spectaculis/martial-liber-de-spectaculis-29-uebersetzung.html (Stand: 19.10.2015)
- Gottwein, Egon (30.09.2015): Sen.epist.7: Öffentlichkeit und Zurück-gezogenheit. http://www.gottwein.de/Lat/sen/epist.007.php (Stand: 19.10.2015)
- Griesshaber, Dieter (24.01.2015): Römische Geschichte zur Zeit Kaiser Marc Aurel und Commodus. Http://geschichtsverein-koengen.de/RoemKaiser3.htm (Stand: 17.102015)
- vgl. Hopson-Münz, Andreas (15.08.2014): Gladiator. Ein Tag in der Arena. http://forumtraiani.de/gladiator-ein-tag.in-der-arena/ (Stand: 10.10.2015)
- RFF-Bot (24.08.2015): Gladiator (Film). https://de.wikipedia.org/wiki/Gladiator_%28Film%29 (Stand: 08.09.2015)
- Rupprecht, Gerd u.a. (o.J.): Claudius. Tiberius Claudius Ceasar Augustus Germanicus (41-54 n.Chr.). http://amphi-theatrum.de/1669.html#c1669 (Stand: 19.10.2015)

- Rupprecht, Gerd u.a. (o.J.): Marcus Tullius Cicero (106-43 v.Chr.). http://amphi-theatrum.de/1916.html (Stand: 09.10.2015)

5.1.3 Filmquellen

- Scott, Ridley: Gladiator, DVD, Hamburg: Universal Pictures Germany GmbH, 2004 [2000].

5.2 Abbildungsverzeichnis

- Abbildung 1: jdxyw (30.07.2010): Gladiator 角 斗 士 . https://www.flickr.com/photos/jdxyw/4844996901/in/photolist-8o8SMk-cPSs9y-gUzWU-8qVoz8-8qVuK5-ugVhp-8y6iYC-fUUK6H-rMQMdv-7ixbEN-nFfZuk-5nsawf-6xDBea-2qhRLv-6zYtSz-9VBp6i-xRbWyy-5prxei-nFfZa2-aDXGC-bfUm1V-a6esM5-d3WxQA-kYeAaz-aDDCsN-k1YZh-xoR7Ay-4iahsw-aqnsyu-aqnthy-tHPcHU-7ctwKM-Tf17K-74NMWC-4i6bck-7D1aDr-7RqgEV-4tCBbC-asnWmZ-h4Ktgh-7ZLAoo-h4Kexf-h4Kx5j-8aCoAL-h4Kpsp-h4KAHE-h4KhjC-8ns8r5-aSooGH-3JiYqv (Stand: 31.10.2015)

- Abbildung 2: Gladiator (Film): 01:41:05 hh

- Abbildung 3: Gladiator (Film): 00:03:02 hh

- Abbildung 4: Gladiator (Film): 02:21:48 hh

- Abbildung 5: Gladiator (Film): 00:09:18 hh

- Abbildung 6: Gladiator (Film): 00:33:05 hh

- Abbildung 7: Gladiator (Film): 01:45:22 hh

- Abbildung 8: Gladiator (Film): 01:18:37 hh

- Abbildung 9: Gladiator (Film): 01:41:29 hh

- Abbildung 10: Gladiator (Film): 01:46:41 hh

- Abbildung 11: Gladiator (Film): 01:41:36 hh

- Abbildung 12: Gladiator (Film): 01:45:06 hh

- Abbildung 13: hjjanisch (19.02.2011): rom::colosseum I. https://www.flickr.com/photos/hjjanisch/5522670648/in/photolist-v5NLCe-

9q28zs-pdDPJH-8MWXVD-8MX8bH-nULhWm-9G1FMS-dYENfF-
8MWZBZ-8MX8FM-dYLv2o-dYLuVJ-643DQv-57wrfn-57txhe-7LdKJE-
5g6wNG-8N144U-7LdCGU-dYLvCf-dYEMBt-643ETa-dYLvew-dYLviY-
6zhAr8-dWV1u4-6ywU3x-39UbfT-9rasWa-4nVzmu-4nSEEQ-pxhGRp-
qwPoUY-ggWBMX-kKVDJV-kL3hfE-xcoDmA-cXgVSw-8ZuL83-eiA5GG-
cXq4V1-cXpYos-hHy2SV-8ZuKA3-eVFsc6-9XLFUU-8SHMW9-pebvEU-
9bk9V7-8ZuEHA (Stand: 31.10.2015)

- Abbildung 14: Hoener, Janko (05.08.2015): Kolosseum 7.
  https://www.flickr.com/photos/jankohoener/19088737525/in/photolist-v5NLCe-
  9q28zs-pdDPJH-8MWXVD-8MX8bH-nULhWm-9G1FMS-dYENfF-
  8MWZBZ-8MX8FM-dYLv2o-dYLuVJ-643DQv-57wrfn-57txhe-7LdKJE-
  5g6wNG-8N144U-7LdCGU-dYLvCf-dYEMBt-643ETa-dYLvew-dYLviY-
  6zhAr8-dWV1u4-6ywU3x-39UbfT-9rasWa-4nVzmu-4nSEEQ-pxhGRp-
  qwPoUY-ggWBMX-kKVDJV-kL3hfE-xcoDmA-cXgVSw-8ZuL83-eiA5GG-
  cXq4V1-cXpYos-hHy2SV-8ZuKA3-eVFsc6-9XLFUU-8SHMW9-pebvEU-
  9bk9V7-8ZuEHA (Stand: 31.10.2015)

- Abbildung 15: Gladiator (Film): 01.02.21 hh

- Abbildung 16: Smirnov, Nikolai: Gladiatoren, 1. Auflage, Tesloff Verlag,
  Nürnberg 2010. WAS IST WAS, Bd. 82,
  http://files.newsnetz.ch/bildlegende/94180/1173706_pic_970x641.jpg (Stand:
  31.10.2015)

- Abbildung 17: Smirnov, Nikolai: Gladiatoren, 1. Auflage, Tesloff Verlag,
  Nürnberg 2010. WAS IST WAS, Bd. 82,
  http://files.newsnetz.ch/bildlegende/94180/1173710_pic_970x641.jpg (Stand:
  31.10.2015)

- Abbildung 18: Smirnov, Nikolai: Gladiatoren, 1. Auflage, Tesloff Verlag,
  Nürnberg 2010. WAS IST WAS, Bd. 82,
  http://files.newsnetz.ch/bildlegende/94180/1173708_pic_970x641.jpg (Stand:
  31.10.2015)

- Abbildung 19: Smirnov, Nikolai: Gladiatoren, 1. Auflage, Tesloff Verlag,
  Nürnberg 2010. WAS IST WAS, Bd. 82,
  http://files.newsnetz.ch/bildlegende/94180/1173712_pic_970x641.jpg (Stand:
  31.10.2015)

- Abbildung 20: Gladiator (Film): 01.26.40 hh